漫画大语文

本书编委会

执行主编：闫怡然

编 者：王玉玲 冯嘉瑞 刘 伟

漫画大语文

这就是老舍

徐文海 / 主编
猫猫咪呀 / 绘

戏剧·下

电子工业出版社
Publishing House of Electronics Industry
北京·BEIJING

未经许可，不得以任何方式复制或抄袭本书之部分或全部内容。
版权所有，侵权必究。

图书在版编目（CIP）数据

这就是老舍. 戏剧：上、下 / 徐文海主编；猫猫咪呀绘. -- 北京：电子工业出版社，2023.8
（漫画大语文）
ISBN 978-7-121-46056-2

Ⅰ. ①这… Ⅱ. ①徐… ②猫… Ⅲ. ①老舍（1899-1966）－生平事迹－儿童读物②老舍（1899-1966）－戏剧文学－文学欣赏－儿童读物 Ⅳ. ①K825.6-49 ②I206.6-49

中国国家版本馆CIP数据核字(2023)第142017号

责任编辑：王佳宇
印　　刷：北京缤索印刷有限公司
装　　订：北京缤索印刷有限公司
出版发行：电子工业出版社
　　　　　北京市海淀区万寿路173信箱　邮编：100036
开　　本：720×1000　1/16　印张：24.25　字数：213.4千字
版　　次：2023年8月第1版
印　　次：2023年8月第1次印刷
定　　价：149.00元（全4册）

凡所购买电子工业出版社图书有缺损问题，请向购买书店调换。若书店售缺，请与本社发行部联系，联系及邮购电话：（010）88254888，88258888。

质量投诉请发邮件至zlts@phei.com.cn，盗版侵权举报请发邮件至dbqq@phei.com.cn。

本书咨询联系方式：电话（010）88254147；邮箱wangjy@phei.com.cn。

序言

中央民族大学教授、博士生导师　徐文海

我与老舍有很深的缘分。

我今天落脚于北京，原初的巨大推动力是30多年前借同学的光全家在北京"东皇城根儿"住了一个暑假。记不清当时是哪一届的世界杯，每天耳朵里都是荷兰的三剑客：古利特、范巴斯滕、里杰卡尔德，在大杂院里我们每天在院子里洗脸、洗衣、洗菜，到院外去上厕所，还经常跑到老舍故居的门口，扒着门缝儿往里瞧……

从此我迷恋北京。

我是七七级的，毕业之后就成为大学老师，讲中国现当代文学，老舍正好是跨越这两个时代的经典作家，想绕也绕不过去。

有一次，一个做媒体的学生要做老舍的相关报道，邀我去老舍的故居——这一回就不是扒门缝儿了，而是堂而皇之地登堂入室。当时与大名鼎鼎的舒乙先生"对谈"，故地重游却有了"衣锦还乡"的感觉！

在现当代文学中，老舍作为一名伟大的小说家和剧作家，博得了世界声誉。但是，老舍走向伟大的道路是极其艰辛的。

老舍的话剧《茶馆》，通过北京一个名叫裕泰的茶馆在三个时期的变化，来表现19世纪末以后中国社会历史的变迁。这三个时期也正是老舍在新中国成立前亲身经历、感受非常深刻的时期。

老舍是在国破家亡、生灵涂炭的背景下来到这个世界的。

八国联军攻进北京，不仅造成了国难，也造成了族仇与家仇。他刚出生就是受难者，在幼小的心灵中埋下了仇恨的种子，过早地体验了什么是惶惑中的"偷生"。

之后，他阴差阳错地到了英国——火烧北京城的主谋与主力国，他的心中自然不会风平浪静。

终于完成了几年的约定，老舍从英国回到了祖国，他刚想要放松身心干一番事业，日本人的炮火却又跟了进来。老舍没有投笔从戎，而是高举着"文协"的大旗，毅然决然地走向充满着炮火和硝烟的抗敌前线……

新中国成立后，他曾担任许多有关文化教育与文学艺术的领导职务，繁重的工作并没有影响他的创作。他说："虽然我不会生产一斤铁，或一斗小米，我可会写一点，多供给人一点精神食粮。我不甘落后，也要增产"，"我终年是在拼命地写，发表也好，不发表也好，我要天天摸一摸笔"。

老舍是一位多产作家，一生共创作了一千多部（篇）作品。他的创作被概括为"勤、多、好"，他是文学创作中的"劳动模范"，被评为"人民艺术家"。

在现代文学中，老舍主要以小说家的身份出现，尤其是京味儿小说。在当代文学中，他又主要以剧作家的身份出现，不仅创作数量巨大，而且有《龙须沟》《茶馆》这样的经典之作，为人类的文学艺术做出了卓越的贡献。

他的散文篇数不多，篇幅也不长，但都写得韵味丰厚，写他的真情实感。老舍游历欧洲时，写过一篇散文《想北平》，其中说道，"就伦敦，巴黎，罗马来说，巴黎更近似北平……不过，假使让我'家住巴黎'，我一定会和没有家一样的感到寂苦，巴黎，据我看，还太热闹。"只有北平，可以让他"心中安全舒适，无所求也无可怕，像小儿安睡在摇篮里"。

这就是老舍！

茶馆（第三幕 下）

22

茶馆（第三幕 中）

01

【漫画】
催稿趣事

39

【漫画】
大作家与小儿女

13

龙须沟（第一幕 节选）

49

龙须沟（第三幕 节选）

77

【漫画】
相声天才

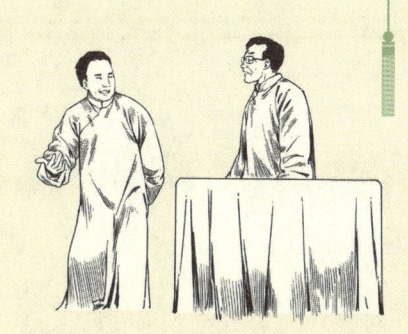

69

目录
CONTENTS

茶馆(第三幕 中)

——

〔进来三位茶客：明师傅、邹福远和卫福喜。明师傅独坐，邹福远与卫福喜同坐。王利发都认识，向大家点头。

王利发 哥儿们，对不起啊，茶钱先付！茶馆已经入不敷出。

明师傅 没错儿，老哥哥！

王利发 唉！"茶钱先付"，说着都烫嘴！（忙着沏茶）

邹福远 怎样啊？王掌柜！晚上还添评书不添啊？

王利发 试验过了，不行！光费电，不上座儿！

邹福远 对！您看，前天我在会仙馆，开三侠四义五霸十雄十三杰九老十五小，大破凤凰山，百鸟朝凤，棍打凤腿，您猜上了多少座儿？

王利发 多少？那点书现在除了您，没有人会说！

邹福远 您说的在行！可是，才上了五个人，还有俩听蹭儿的！

卫福喜　师哥，无论怎么说，你比我强！我又闲了一个多月啦！

邹福远　可谁叫你跳了行，改唱戏了呢？

卫福喜　我有嗓子，有扮相嘛！

邹福远　可是上了台，你又不好好地唱！

卫福喜　妈的唱一出戏，挣不上三个杂合面饼子的钱，我干吗卖力气呢？我疯啦？

邹福远　唉！福喜，咱们哪，全叫流行歌曲跟《纺棉花》给顶垮喽！我是这么看，咱们死，咱们活着，还在其次，顶伤心的是咱们这点玩艺儿，再过几年都得失传！咱们对不起祖师爷！常言道：邪不侵正。这年头就是邪年头，正经东西全得连根儿烂！借说书人之口鞭挞了群魔乱舞的社会。

王利发　唉！（转至明师傅处）明师傅，可老没来啦！

明师傅　出不来喽！包监狱里的伙食呢！

王利发　您！就凭您，办一二百桌满汉全席的手儿，去给他们蒸窝窝头？

明师傅　那有什么办法呢，现而今就是狱里人多呀！满汉全席？我连家伙都卖喽！

〔方六拿着几张画儿进来。

明师傅　六爷，这儿！六爷，那两桌家伙怎样啦？我等钱用！

方　六　明师傅，您挑一张画儿吧！

明师傅　啊？我要画儿干吗呢？

方　六　这可画的不错！六大山人、董弱梅画的！

明师傅　画的天好，当不了饭吃啊！

方　六　他把画儿交给我的时候，直掉眼泪！

明师傅　我把家伙交给你的时候，也直掉眼泪！

方　六　谁掉眼泪，谁吃炖肉，我都知道！要不怎么我累心呢！你当是干我们这一行，专凭打打小鼓就行哪？

明师傅　六爷，人总有颗人心哪，你还能坑老朋友吗？

方　六　一共不是才两桌家伙吗？小事儿，别再提啦，再提就好像不大懂交情了！

〔车当当敲着两块洋钱，进来。

车当当　谁买两块？买两块吧？天师，照顾照顾？（小唐铁嘴不语）

王利发　当当！别处转转吧，我连现洋什么模样都忘了！

车当当　那，你老人家就细细看看吧！白看，不用买票！（往桌上扔钱）

〔庞四奶奶进来，带着春梅。庞四奶奶的手上戴满各种戒指，打扮得像个女妖精。卖杂货的老杨跟进来。

小唐铁嘴　娘娘！

方六／车当当　娘娘！

庞四奶奶　天师！

小唐铁嘴　侍候娘娘！（让庞四奶奶坐，给她倒茶）

庞四奶奶作为封建社会的残留势力，仍然期待着能够成为皇后。

庞四奶奶 （看车当当要出去）当当，你等等！

车当当 嗻！

老　杨 （打开货箱）娘娘，看看吧！

庞四奶奶 唱唱那套词儿，还倒怪有个意思！

老　杨 是！美国针、美国线、美国牙膏、美国消炎片。还有口红、雪花膏、玻璃袜子细毛线。箱子小，货物全，就是不卖原子弹！

庞四奶奶 哈哈哈！（挑了两双袜子）春梅，拿着！当当，你跟老杨算账吧！

车当当 娘娘，别那么办哪！

庞四奶奶 我给你拿的本钱，利滚利，你欠我多少啦？天师，查账！

小唐铁嘴 是！（掏小本）

车当当 天师，你甭操心，我跟老杨算去！

小唐铁嘴继承了父亲的算命摊，还被"三皇道"封了天师。

老　　杨　　娘娘，您行好吧！他能给我钱吗？

庞四奶奶　　老杨，他坑不了你，都有我呢！

老　　杨　　是！（向众）还有哪位照顾照顾？（又要唱）美国针……

庞四奶奶　　听够了！走！

老　　杨　　是！美国针、美国线，我要不走是浑蛋！走，当当！（同车当当下）

方　　六　　（过来）娘娘，我得到一堂景泰蓝的五供儿，东西老，地道，也便宜，坛上用顶体面，您看看吧？

> 祭祀时摆在供桌上的五种器皿，多为在香炉两边对称地摆上花瓶和蜡扦(qiān)儿。

庞四奶奶　　请皇上看看吧！

方　　六　　是！皇上不是快登基了吗？我先给您道喜！我马上取去，送到坛上！娘娘多给美言几句，我必有份人心！（往外走）

明师傅　　六爷，我的事呢？！

方　　六　　你先给我看着那几张画！（下）

明师傅　　你等等！坑我两桌家伙，我还有把切菜刀呢！（追下）

庞四奶奶　　王掌柜，康妈妈在这儿哪？请她出来！

小唐铁嘴　　我去！（跑到后门）康老太太，您来一下！

王利发　　什么事？

小唐铁嘴　　朝廷大事！

〔康顺子上。

康顺子　　干什么呀？

庞四奶奶　（迎上去）婆母！我是您的四侄媳妇，来接您，快坐下吧！

（拉康顺子坐下）

康顺子　四侄媳妇？

庞四奶奶　是呀，您离开庞家的时候，我还没过门哪。

康顺子　我跟庞家一刀两断啦，找我干吗？

庞四奶奶　您的四侄子海顺呀，是三皇道的大坛主，国民党的大党员，又是沈处长的把兄弟，快作皇上啦，您不喜欢吗？

康顺子　快作皇上？

庞四奶奶　啊！龙袍都作好啦，就快在西山登基！

康顺子　在西山？

小唐铁嘴　老太太，西山一带有八路军。庞四爷在那一带登基，消灭八路，南京能够不愿意吗？

庞四奶奶　四爷呀都好，近来可是有点贪酒好色。他已经弄了好几个小老婆！

小唐奶奶　娘娘，三宫六院七十二嫔妃，可有书可查呀！

庞四奶奶　你不是娘娘，怎么知道娘娘的委屈！老太太，我是这么想：您要是跟我一条心，我叫您作老太后，咱们俩一齐管着皇上，我这个娘娘不就好作一点了吗？老太太，您跟我去，吃好的喝好的，兜儿里老带着那么几块当当响的洋钱，够多么好啊！

这是想自己做皇后，康顺子做太后，一起管着庞四这个"皇上"。

康顺子　我要是不跟你去呢？

庞四奶奶　啊？不去？（要翻脸）

小唐铁嘴　让老太太想想，想想！

康顺子　用不着想，我不会再跟庞家的人打交道！四媳妇，你作你的娘娘，我作我的苦老婆子，谁也别管谁！刚才你要瞪眼睛，你当我怕你吗？我在外边也混了这么多年，磨练出来点了，谁跟我瞪眼，我会伸手打！（立起，往后走）

小唐铁嘴　老太太！老太太！

康顺子　（立住，转身对小唐铁嘴）你呀，小伙子，挺起腰板来，去挣碗干净饭吃，不好吗？（下）

庞四奶奶　（移怒于王利发）王掌柜，过来！你去跟那个老婆子说说，说好了，我送给你一袋子白面！说不好，我砸了你的茶馆！天师，走！

小唐铁嘴　王掌柜，我晚上还来，听你的回话！

王利发　万一我下半天就死了呢？

庞四奶奶　呸！你还不该死吗？（与小唐铁嘴、春梅同下）

王利发　哼！

邹福远　师弟，你看这算哪一出？哈哈哈！

卫福喜　我会二百多出戏，就是不懂这一出！你知道那个娘儿们的出身吗？

邹福远　我还能不知道！东霸天的女儿，在娘家就生过……得，别细说，我看这群浑蛋都有点回光反照，长不了！

〔王大拴回来。

王利发　看着点，老大。我到后面商量点事！（下）

小二德子　（在外边大吼一声）闪开了！（进来）大拴哥，沏壶顶好的，我有钱！（掏出四块现洋，一块一块地放下）给算算，刚才花了一块，这儿还有四块，五毛打一个，我一共打了几个？

王大拴　十个。

小二德子　（用手指算）对！前天四个，昨天六个，可不是十个！大拴哥，你拿两块吧！没钱，我白喝你的茶；有钱，就给你！你拿吧！（吹一块，放在耳旁听听）这块好，就一块当两块吧，给你！

王大拴　（没接钱）小二德子，什么生意这么好啊？现大洋不容易看到啊！

讽刺，念书对小二德子这种文盲来说，只是一种装模作样的粉饰。

小二德子　念书去了！

王大拴　把"一"字都念成扁担，你念什么书啊？

小二德子　（拿起桌上的壶来，对着壶嘴喝了一气，低声说）市党部派我去的，法政学院。没当过这么美的差事，太美，太过瘾！比在天桥好的多！打一个学生，五毛现洋！昨天揍了几个来着？

王大拴　六个。

小二德子　对！里边还有两个女学生！一拳一拳地下去，太美，太

又是一个子承父业的案例，不同年代同类人物贯穿始终，加强读者了解，体现作者的爱憎和对黑暗社会的批判。

-08-

过瘾！大拴哥，你摸摸，摸摸！（伸臂）铁筋洋灰的！用这个揍男女学生，你想想，美不美？

王大栓　他们就那么老实，乖乖地叫你打？

小二德子　我专找老实的打呀！你当我是傻子哪？

王大栓　小二德子，听我说，打人不对！

小二德子　可也难说！你看教党义的那个教务长，上课先把手枪拍在桌上，我不过抡抡拳头，没动手枪啊！

王大栓　什么教务长啊，流氓！

小二德子　对！流氓！不对，那我也是流氓喽！大拴哥，你怎么绕着脖子骂我呢？大拴哥，你有骨头！不怕我这铁筋

铁筋 = 钢筋
形容孔武有力.

==洋灰==的胳膊！

王大栓　你就是把我打死，我不服你还是不服你，不是吗？

小二德子　嗬，这么绕脖子的话，你怎么想出来的？大拴哥，你应当去教党义，你有文才！好啦，反正今天我不再打学生！

指言语或事情曲折，需要思索.

王大栓　干吗光是今天不打？永远不打才对！

小二德子　不是今天我另有差事吗？

王大栓　什么差事？

小二德子　今天打教员！

王大栓　干吗打教员？打学生就不对，还打教员？

小二德子　上边怎么交派，我怎么干！他们说，教员要罢课。罢课就是不老实，不老实就得揍！他们叫我上这儿等着，看见教员就揍！

邹福远　（嗅出危险）师弟，咱们走吧！

卫福喜　走！（同邹福远下）

小二德子　大拴哥，你拿着这块钱吧！

王大栓　打女学生的钱，我不要！

小二德子　（另拿一块）换换，这块是打男学生的，行了吧？（看王大拴还是摇头）这么办，你替我看着点，我出去买点好吃的，请请你，活着还不为吃点喝点老三点吗？（收起现洋，下）

〔康顺子提着小包出来。王利发与周秀花跟着。

北京人从来是讲究老三点儿的，所谓吃一点，喝一点，乐一点。——张恨水《金粉世家》

- 10 -

康顺子　王掌柜，你要是改了主意，不让我走，我还可以不走！

王利发　我……

周秀花　庞四奶奶也未必敢砸茶馆！

王利发　你怎么知道？三皇道是好惹的？

康顺子　我顶不放心的还是大力的事！只要一走漏了消息，大家全完！那比砸茶馆更厉害！

> 世道混乱，有的孩子长成了小刘麻子，有的敢于冲破黑暗。

王大栓　大婶，走！我送您去！爸爸，我送送她老人家，可以吧？

王利发　嗯——

周秀花　大婶在这儿受了多少年的苦，帮了咱们多少忙，还不应当送送？

王利发　我并没说不叫他送！送！送！

王大栓　大婶，等等，我拿件衣服去！（下）

周秀花　爸，您怎么啦？

王利发　别再问我什么，我心里乱！一辈子没这么乱过！媳妇，你先陪大婶走，我叫老大追你们！大婶，外边不行啊，就还回来！

周秀花　老太太，这儿永远是您的家！

王利发　可谁知道也许……

康顺子　我也不会忘了你们！老掌柜，你硬硬朗朗的吧！（同周秀花下）

王利发　（送了两步，立住）硬硬朗朗的干什么呢？

充满了小人物的辛酸。

大作家与小儿女

大作家与小儿女

老舍是个名声在外的大作家，但面对孩子，却是个颇有责任感和耐心的父亲。

老舍夫妇育有四个孩子。

就数你姐姐最调皮！

知道你为什么叫舒济吗？因为你出生在济南。

济南？济南是什么地方啊？

大作家与小儿女

女儿三岁的时候——

你这只调皮的小猫咪啊!

喵喵喵!小济就要调皮捣蛋!

嘿嘿!爸爸的手稿,小济来改改!

我的心血啊……真拿你没办法……

小济会写字!

小济会写字!

- 16 -

大作家与小儿女

我这灵感刚来,你这是要干吗去?

爸爸,去公园看猴吧!

你这又是要闹哪出?

爸爸,别写了!给我表演个绝技好吗?

有的时候——

就是那个呀!闭眼睛,露出四颗门牙的"绝技"!

呜噜噜噜!我的小公主满意了吗?

大作家与小儿女

有的时候——

报社又来催稿了……

午休时间到了,你们怎么还在闹?

我要爸爸!

孩子们,就不能让我安静地写完稿子吗?

虽然略嫌吵闹——

呜呜呜!

但爸爸还是要感谢你们啊!

嘻嘻,为什么呢?

因为自从有了孩子,老舍学习了不少之前从未学过的知识。

大作家与小儿女

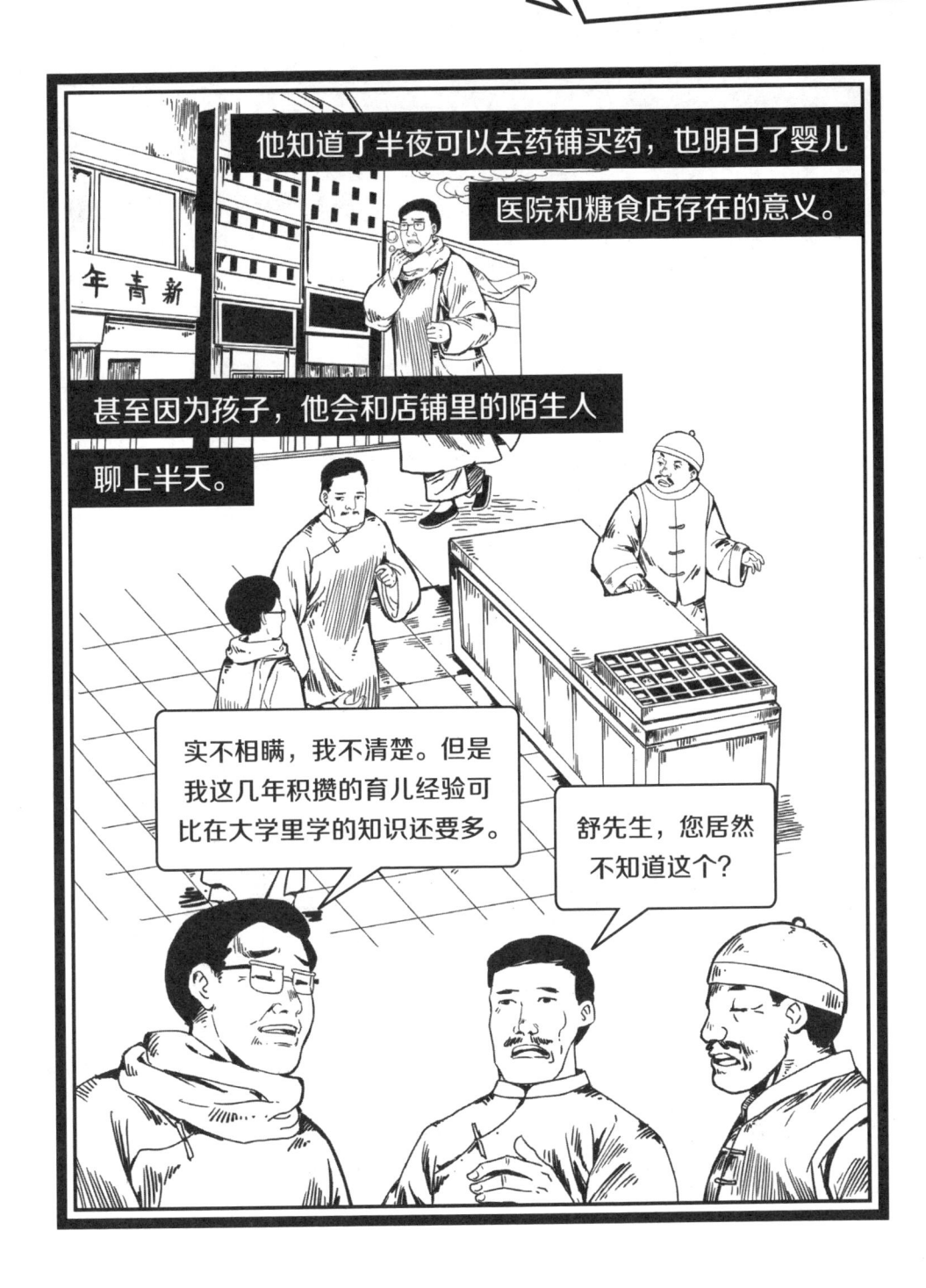

大作家与小儿女

后来几年,他离开妻儿,从济南跑到汉口——

当年告别的时候我为什么要训斥儿子呢?真后悔啊……

每当想起儿子委屈的小脸,他总会落下眼泪。

大作家与小儿女

老舍尊重孩子活泼的天性，不赞成让三四岁的孩子过早地学习。但当时的社会风气并非如此——

小宝两岁起就开始认字了呢。

来，表演一个！

你们家宝贝这么早就识字了，太厉害了！

这不就是把孩子当成了玩物吗？简直是揠苗助长！

茶馆（第三幕 下）

——

〔谢勇仁和于厚斋进来。

谢勇仁 （看看墙上，先把茶钱放在桌上）老人家，沏一壶来。（坐）

王利发 （先收钱）好吧。

于厚斋 勇仁，这恐怕是咱们末一次坐茶馆了吧？

谢勇仁 以后我倒许常来。我决定改行，去蹬三轮儿！

于厚斋 蹬三轮一定比当小学教员强！

谢勇仁 我偏偏教体育，我饿，学生们饿，还要运动，不是笑话吗？

〔王小花跑进来。

王利发 小花，怎这么早就下了学呢？

王小花 老师们罢课啦！（看见于厚斋、谢勇仁）于老师，谢老师！你们都没上学去，不教我们啦？还教我们吧！见不着老师，同学们都哭啦！我们开了个会，商量好，以后一定都守规矩，不招老师们生气！

于厚斋 小花！老师们也不愿意耽误了你们的功课。可是，吃不上饭，怎么教书呢？我们家里也有孩子，为教别人的孩子，叫自己的孩子挨饿，不是不公道吗？好孩子，别着急，喝完茶，我们开会去，也许能够想出点办法来！

谢勇仁 好好在家温书，别乱跑去，小花！

〔王大拴由后面出来，夹着个小包。

(旁注：小花代表着下一代女性，接受过教育之后，她们的处境也许会慢慢变好。)

王小花 爸，这是我的两位老师！

王大拴 老师们，快走！他们埋伏下了打手！

王利发 谁？

王大拴 小二德子！他刚出去，就回来！

王利发 二位先生，茶钱退回，（递钱）请吧！快！

王大拴 随我来！

〔小二德子上。

小二德子 街上有游行的，他妈的什么也买不着！大拴哥，你上哪儿？这俩是谁？

王大拴 喝茶的！（同于厚斋、谢勇仁往外走）

小二德子 站住！（三人还走）怎么？不听话？先揍了再说！

王利发 小二德子！

小二德子（拳已出去）尝尝这个！

谢勇仁　（上面一个嘴巴，下面一脚）尝尝这个！

小二德子　哎哟！（倒下）

王小花　该！该！

谢勇仁　起来，再打！

小二德子　（起来，捂着脸）喝！喝！（往后退）喝！

王大栓　快走！（扯二人下）

小二德子　（迁怒）老掌柜，你等着吧，你放走了他们，待会儿我跟你算账！打不了他们，还打不了你这个糟老头子吗？（下）

王小花　爷爷，爷爷！小二德子追老师们去了吧？那可怎么好！

王利发　他不敢！这路人我见多了，都是软的欺，硬的怕！

王小花　他要是回来打您呢？

欺软怕硬。

王利发　我？爷爷会说好话呀。

王小花　爸爸干什么去了？

王利发　出去一会儿，你甭管！上后边温书去吧，乖！

王小花　老师们可别吃了亏呀，我真不放心！（下）

〔丁宝跑进来。

丁　宝　老掌柜，老掌柜！告诉你点事！

王利发　说吧，姑娘！

丁　宝　小刘麻子呀，没安着好心，他要霸占这个茶馆！

一语成谶！

王利发　怎么霸占？这个破茶馆还值得他们霸占？

丁　宝　待会儿他们就来，我没工夫细说，你打个主意吧！

王利发　姑娘，我谢谢你！

有胆有识，秉性善良。

丁　宝　我好心好意来告诉你，你可不能卖了我呀！

王利发　姑娘，我还没老胡涂了！放心吧！

丁　宝　好！待会儿见！（下）

〔周秀花回来。

周秀花　爸，他们走啦。

王利发　好！

周秀花　小花的爸说，叫您放心，他送到了地方就回来。

王利发　回来不回来都随他的便吧！

周秀花　爸，您怎么啦？干吗这么不高兴？

王利发　没事！没事！看小花去吧。她不是想吃热汤面吗？要是还有点面的话，给她作一碗吧，孩子怪可怜的，什么也吃不着！

周秀花　一点白面也没有！我看看去，给她作点杂合面疙疸汤吧！

（下）

〔小唐铁嘴回来。

小唐铁嘴　王掌柜，说好了吗？

王利发　晚上，晚上一定给你回话！

<small>*小唐铁嘴尚有一丝良知。*</small>

小唐铁嘴　王掌柜，你说我爸爸白喝了一辈子的茶，<u>我送你几句救命的话</u>，算是替他还账吧。告诉你，三皇道现在比日本人在这儿的时候更厉害，砸你的茶馆比砸个砂锅还容易！你别太大意了！

王利发　我知道！你既买我的好，又好去对娘娘表表功！是吧？

〔小宋恩子和小吴祥子进来，都穿着新洋服。

小唐铁嘴　二位，今天可够忙的？

小宋恩子 忙得厉害！教员们大暴动！

王利发 二位，"罢课"改了名儿，叫"暴动"啦？

小唐铁嘴 怎么啦？

小吴祥子 他们还能反到天上去吗？到现在为止，已经抓了一百多，打了七十几个，叫他们反吧！

小宋恩子 太不知好歹！他们老老实实的，美国会送来大米、白面嘛！

小唐铁嘴 就是！二位，有大米、白面，可别忘了我！以后，给大家的坟地看风水，我一定尽义务！好！二位忙吧！（下）

小吴祥子 你刚才问，"罢课"改叫"暴动"啦？王掌柜！

王利发 岁数大了，不懂新事，问问！

小宋恩子 哼！你就跟他们是一路货！

王利发 我？您太高抬我啦！

小吴祥子 我们忙，没工夫跟你废话，说干脆的吧！

王利发 什么干脆的？

小宋恩子 教员们暴动，必有主使的人！

王利发 谁？

小吴祥子 昨天晚上谁上这儿来啦？

王利发 康大力！

小宋恩子 就是他！你把他交出来吧！

王利发 我要是知道他是哪路人，还能够随便说出来吗？我跟你们

机智地隐瞒真情，王老板谨慎而不失正义感。

的爸爸打交道多少年，还不懂这点道理？

小吴祥子　甭跟我们拍老腔，说真的吧！

王利发　交人，还是拿钱，对吧？

小宋恩子　你真是我爸爸教出来的！对啦，要是不交人，就把你的金条拿出来！别的铺子都随开随倒，你可混了这么多年，必定有点底！

〔小二德子匆匆跑来。

小二德子　快走！街上的人不够用啦！快走！

小吴祥子　你小子管干吗的？

小二德子　我没闲着，看，脸都肿啦！

小宋恩子　掌柜的，我们马上回来，你打主意吧！

王利发　不怕我跑了吗？

小吴祥子　老梆子，你真逗气儿！你跑到阴间去，我们也会把你抓回来！（打了王利发一掌，同小宋恩子、小二德子下）

王利发　（向后叫）小花！小花的妈！

周秀花　（同王小花跑出来）我都听见了！怎么办？

王利发　快走！追上康妈妈！快！

王小花　我拿书包去！（下）

周秀花　拿上两件衣裳，小花！爸，剩您一个人怎么办？

王利发　(这是我的茶馆，我活在这儿，死在这儿！)

预言了自己的结局。

〔王小花挎着书包，夹着点东西跑回来。

周秀花　爸爸！

王小花　爷爷！

王利发　都别难过，走！（从怀中掏出所有的钱和一张旧像片）媳妇，拿着这点钱！小花，拿着这个，老裕泰三十年前的像片，交给你爸爸！走吧！

〔小刘麻子同丁宝回来。

小刘麻子　小花，教员罢课，你住姥姥家去呀？

王小花　对啦！

王利发　（假意地）媳妇，早点回来！

周秀花　爸，我们住两天就回来！（同王小花下）

小刘麻子　王掌柜，好消息！沈处长批准了我的计划！

王利发　大喜，大喜！

小刘麻子　您也大喜，处长也批准修理这个茶馆！我一说，处长说好！他呀老把"好"说成"蒿"，特别有个洋味儿！

王利发　都是怎么一回事？

家人是王利发最后的财富，他让家人们赶快逃难，也是为了实现他最后的愿望——家人平安，子嗣延续。王利发为茶馆守护一生，到头来却什么也没保住。

小刘麻子　从此你算省心了！这儿全属我管啦，你搬出去！我先跟你说好了，省得以后你麻烦我！

王利发　那不能！凑巧，我正想搬家呢。

丁　宝　小刘，老掌柜在这儿多少年啦，你就不照顾他一点吗？

小刘麻子　看吧！我办事永远厚道！王掌柜，我接处长去，叫他看看这个地方。你把这儿好好收拾一下！小丁宝，你把小心眼找来，迎接处长！带点香水，好好喷一气，这里臭哄哄的！走！（同丁宝下）

王利发　好！真好！太好！哈哈哈！

〔常四爷提着小筐进来，筐里有些纸钱和花生米。他虽年过七十，可是腰板还不太弯。

常四爷　什么事这么好哇，老朋友！

王利发　哎哟！常四哥！我正想找你这么一个人说说话儿呢！我沏一壶顶好的茶来，咱们喝喝！（去沏茶）

〔秦仲义进来。他老的不像样子了，衣服也破旧不堪。

秦仲义　王掌柜在吗？

常四爷　在！您是……

秦仲义　我姓秦。

常四爷　秦二爷！

王利发　（端茶来）谁？秦二爷？正想去告诉您一声,这儿要大改良！

与之前的辉煌形成了反差，实业救国在当时的背景下没有出路。

坐！坐！

常四爷 我这儿有点花生米，(抓)喝茶吃花生米，这可真是个乐子！

*警句！
有了花生米却没有了牙，
这是人生最普遍存在的窘境。*

秦仲义 可是谁嚼得动呢？

王利发 看多么邪门，好容易有了花生米，可全嚼不动！多么可笑！怎样啊？秦二爷！（都坐下）

秦仲义 别人都不理我啦，我来跟你说说：我到天津去了一趟，看看我的工厂！

王利发 不是没收了吗？又物归原主啦？这可是喜事！

秦仲义 拆了！

常四爷/王利发 拆了？

> 从这里开始，戏剧冲突的性质就变成了三个老头和整个旧社会之间的冲突。

秦仲义 拆了！我四十年的心血啊，拆了！别人不知道，王掌柜你知道：我从二十多岁起，就主张实业救国。到而今……抢去我的工厂，好，我的势力小，干不过他们！可倒好好地办哪，那是富国裕民的事业呀！结果，拆了，机器都当碎铜烂铁卖了！全世界，全世界找得到这样的政府找不到？我问你！

王利发 当初，我开的好好的公寓，您非盖仓库不可。看，仓库查封，货物全叫他们偷光！当初，我劝您别把财产都出手，您非都卖了开工厂不可！

常四爷 还记得吧？当初，我给那个卖小妞的小媳妇一碗面吃，您还说风凉话呢。

秦仲义 现在我明白了！王掌柜，求你一件事吧：（掏出一二机器小零件和一枝钢笔管来）工厂拆平了，这是我由那儿捡来的小东西。这枝笔上刻着我的名字呢，它知道，我用它签过多少张支票，写过多少计划书。我把它们交给你，没事的时候，你可以跟喝茶的人们当个笑话谈谈，你说呀：当初有那么一个不知好歹的秦某人，爱办实业。办了几十年，临完他只由工厂的土堆里捡回来这么点小东西！你应当劝告大家，有钱哪，就该吃喝嫖赌，胡作非为，可千万别干好事！告诉他们哪，秦某人七十多岁了才明白这点大道理！他是天生来的笨蛋!

王利发　您自己拿着这枝笔吧,我马上就搬家啦!

常四爷　搬到哪儿去?

王利发　哪儿不一样呢!秦二爷,常四爷,我跟你们不一样:二爷财大业大心胸大,树大可就招风啊!四爷你,一辈子不服软,敢作敢当,专打抱不平。我呢,作了一辈子顺民,见谁都请安、鞠躬、作揖。我只盼着呀,孩子们有出息,冻不着,饿不着,没灾没病!可是,日本人在这儿,二拴子逃跑啦,老婆想儿子想死啦!好容易,日本人走啦,该缓一口气了吧?谁知道,(惨笑)哈哈,哈哈,哈哈!

常四爷　我也不比你强啊!自食其力,凭良心干了一辈子啊,我一事无成!七十多了,只落得卖花生米!个人算什么呢,我盼哪,盼哪,只盼国家像个样儿,不受外国人欺侮。可是……哈哈!

秦仲义　日本人在这儿,说什么合作,把我的工厂就合作过去了。咱们的政府回来了,工厂也不怎么又变成了逆产。仓库里(指后边)有多少货呀,全完!哈哈!

王利发　改良,我老没忘了改良,总不肯落在人家后头。卖茶不行啊,开公寓。公寓没啦,添评书!评书也不叫座儿呀,好,不怕丢人,想添女招待!人总得活着吧?我变尽了方法,不

> 1. 对自我悲惨命运的生动概括;
> 2. 代表了千千万万小商人的遭遇;
> 3. 控诉了整个旧时代的黑暗和不合理。

过是为活下去！是呀，该贿赂的，我就递包袱。<u>我可没作过缺德的事，伤天害理的事，为什么就不叫我活着呢？</u>我得罪了谁？谁？皇上，娘娘那些狗男女都活得有滋有味的，单不许我吃窝窝头，谁出的主意？

常四爷　盼哪，盼哪，只盼谁都讲理，谁也不欺侮谁！可是，眼看着老朋友们一个个的不是饿死，就是叫人家杀了，我呀就是有眼泪也流不出来喽！松二爷，我的朋友，饿死啦，连棺材还是我给他化缘化来的！他还有我这么个朋友，给他化了一口四块板的棺材；我自己呢？(我爱咱们的国呀，可是谁爱我呢？)看，（从筐中拿出些纸钱）遇见出殡的，我就捡几张纸钱。没有寿衣，没有棺材，我只好给自己预备下点纸钱吧，哈哈，哈哈！

秦仲义　四爷，让咱们祭奠祭奠自己，把纸钱撒起来，算咱们三个老头子的吧！

> 名句——老百姓爱国，但是代表国家的政府却不爱百姓。常四爷是不甘受奴役的中国人的代表，**铁骨铮铮，富有反抗精神**。

王利发　对！四爷，照老年间出殡的规矩，喊喊！

常四爷　（立起，喊）四角儿的跟夫，本家赏钱一百二十吊！==（撒起几张纸钱）==（三四十年前，北京富人出殡，要用三十二人、四十八人或六十四人抬棺材，也叫抬杠。另有四位杠夫拿着拨旗，在四角跟随。杠夫换班须注意拨旗，以便进退有序；一班也叫一拨儿。起杠时和路祭时，领杠者须喊"加钱"——本家或姑奶奶赏给杠夫酒钱。

为自己撒纸钱，也是为时代唱起挽歌。

加钱数目须夸大地喊出。在喊加钱时,有人撒起纸钱来。)

秦仲义/王利发　一百二十吊!

秦仲义　(一手拉住一个)我没的说了,再见吧!(下)

王利发　再见!

常四爷　再喝你一碗!(一饮而尽)再见!(下)

王利发　再见!
〔丁宝与小心眼进来。

丁　宝　他们来啦,老大爷!(往屋中喷香水)

王利发　好,他们来,我躲开!(捡起纸钱,往后边走)

小心眼　老大爷,干吗撒纸钱呢?

王利发　谁知道!(下)
〔小刘麻子进来。

小刘麻子　来啦！一边一个站好！

〔丁宝、小心眼分左右在门内立好。

〔门外有汽车停住声，先进来两个宪兵。沈处长进来，穿军便服；高靴，带马刺；手执小鞭。后面跟着二宪兵。

沈处长　（检阅似的，看丁宝、小心眼，看完一个说一声）好（蒿）！

〔丁宝摆上一把椅子，请沈处长坐。

小刘麻子　报告处长，老裕泰开了六十多年，九城闻名，地点也好，借着这个老字号，作我们的一个据点，一定成功！我打算照旧卖茶，派（指）小丁宝和小心眼作招待。有我在这儿监视着三教九流，各色人等，一定能够得到大量的情报，捉拿共产党！

沈处长　好（蒿）！

〔丁宝由宪兵手里接过骆驼牌烟，上前献烟；小心眼接过打火机，点烟。

小刘麻子　后面原来是仓库，货物已由处长都处理了，现在空着。我打算修理一下，中间作小舞厅，两旁布置几间卧室，都带卫生设备。处长清闲的时候，可以来跳跳舞，玩玩牌，喝喝咖啡。天晚了，高兴住下，您就住下。这就算是处长个人的小俱乐部，由我管理，一定要比公馆里更洒脱一点，方便一点，热闹一点！

沈处长　好（嗻）！

丁　宝　处长，我可以请示一下吗？

沈处长　好（嗻）！

丁　宝　这儿的老掌柜怪可怜的。好不好给他作一身制服，叫他看看门，招呼贵宾们上下汽车？他在这儿几十年了，谁都认识他，简直可以算是老头儿商标！

> 这是在时代和强权的倾轧下，小人物之间的彼此照拂。在与其率性、散漫的对比下，这种善良尤为动人。

沈处长　好（嗻）！传！

小刘麻子　是！（往后跑）王掌柜！老掌柜！我爸爸的老朋友，老大爷！（入。过一会儿又跑回来）报告处长，他也不是怎么上了吊，吊死啦！

> 茶馆和王利发一起，被旧时代埋葬了。

沈处长　好（嗻）！好（嗻）！

> 一个本想当顺民、老老实实挣钱过日子的中国人，都不能见容于旧社会，这个旧社会是没有继续存在的理由了。

——幕落·全剧终

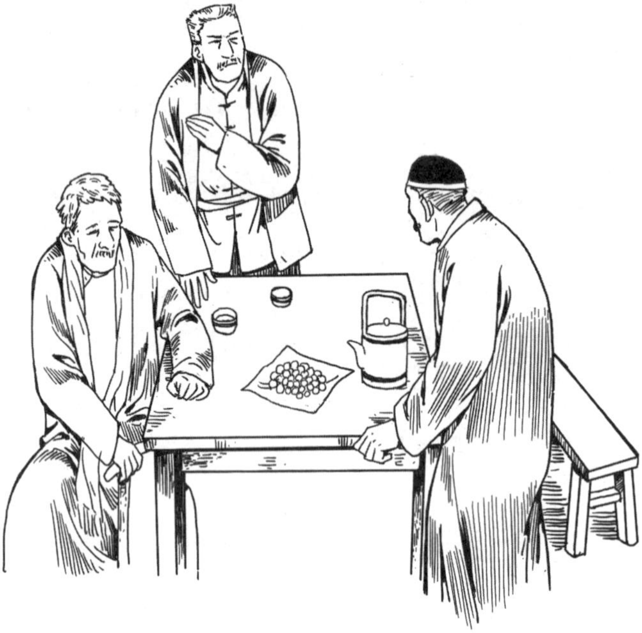

催稿趣事

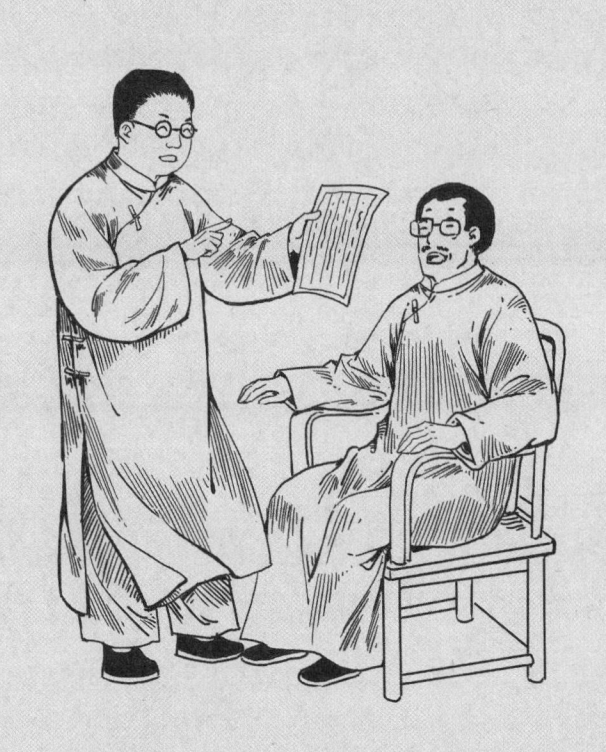

催稿趣事

有段时间，老舍在齐鲁大学任教。

唔！这次的催稿信好像有些特别……

身为一名知名作家，被编辑催稿的经历自然也不会少。

老赵被困
请发救兵
(小说也)
赵

催稿趣事

爸爸,这信好奇怪啊,我看不明白……

哈哈……有意思吧?

"赵"指的是《青年界》的主编赵景深先生,他这是着急要稿子呢!

巧了,你爸爸我最擅长的就是写信了。

这信这么奇怪,该怎么回复他呢?

催稿趣事

没过几天，赵景深就收到了老舍的回信。

赵景深

舍予真是个妙人，这居然是封戏曲风格的回信！

元帅发来紧急令，内无粮草外无兵！小将提枪上了马，《青年界》上走一程……

仿佛能看到舍予身穿戏服，提着银枪言笑晏晏的样子啊！

催稿趣事

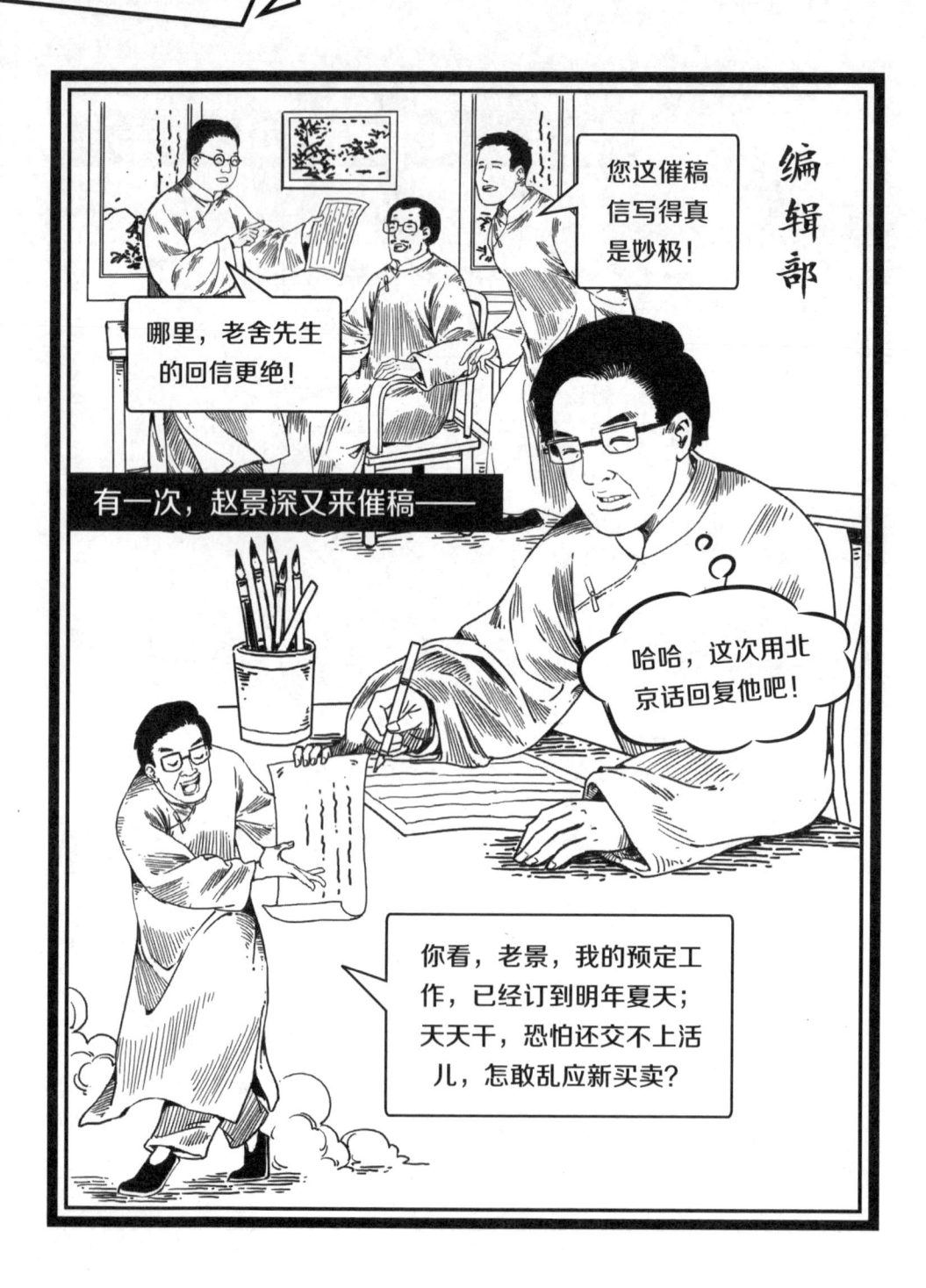

编辑部

您这催稿信写得真是妙极!

哪里,老舍先生的回信更绝!

有一次,赵景深又来催稿——

哈哈,这次用北京话回复他吧!

你看,老景,我的预定工作,已经订到明年夏天;天天干,恐怕还交不上活儿,怎敢乱应新买卖?

若干年后，抗日战争胜利——
辣斐大戏院
是啊，既然是文艺欣赏会，何不拿出些名作给诸位欣赏一番呢？
放心，我可是有备而来的！
今天可是我们上海文艺家协会难得的集会。
这封是老舍先生当年回复我催稿的信件，你们猜不到他是怎么说的吧？
快读一读！这堪称一段文坛佳话了！

龙须沟

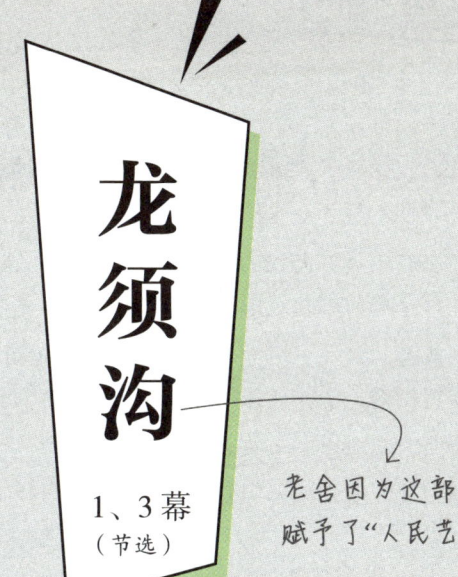

1、3幕（节选）

老舍因为这部作品在1951年被赋予了"人民艺术家"的称号。

登场人物

» 王大妈——五十岁的寡妇，吃苦耐劳，可是胆子小，思想旧。她的大女儿已出嫁，二女儿正在议婚。母女以焊镜子的洋铁边儿和作针线活为业。简称大妈。

» 王二春——王大妈的二女儿，十九岁。她认识几个字，很想嫁到别处去，离开臭沟沿儿。简称二春。

» 丁四嫂——三十岁左右，心眼怪好，嘴可厉害，有点嘴强身子弱。她的手很伶俐，能作活挣钱。简称四嫂。

» 丁四爷——三十岁左右，四嫂的丈夫，三心二意的，可好可坏；蹬三轮车为业。他因厌恶门外的臭沟，工作不大起劲。简称丁四。

» 丁二嘎子——十二岁，丁四的儿子，不上学，天天去捡煤核儿，摸螺蛳什么的。简称二嘎。

» 丁小妞——二嘎的妹妹，九岁。不上学，随着哥哥乱跑。简称小妞。

» 程疯子——四十多岁。原是相当好的曲艺艺人，因受压迫，不能登台，搬到贫民窟来——可还穿着长衫。他有点神神气气的，不会以劳力换钱，可常帮忙别人。他会唱，尤以数来宝见长。简称疯子。

» 程娘子——程疯子的妻，三十多岁。会作活，也会到晓市上作小买卖；虽常骂丈夫，可是甘心养活着他。疯子每称她为"娘子"，即成了她的外号。简称娘子。

» 赵老头——六十岁，没儿没女，为人正直好义，泥水匠。简称赵老。

» 刘巡长——四十来岁。能说会道，善于敷衍，心地很正。简称巡长。

» 冯狗子——二十五岁。给恶霸黑旋风作狗腿。简称狗子。

» 刘掌柜——小茶馆的掌柜，六十多岁。简称掌柜。

» 地痞一人。

» 警察二人。

» 青年一人。

» 群众数人。

这个作品的背后有一个真实的故事——

新中国成立前的北京龙须沟是外城的一条排水明沟，由于缺乏治理，成了北京最大的一条臭水沟，同时也是北京最大的贫民窟。新中国成立后，经过大规模改造，各种轻工业小厂建立，不但改善了龙须沟的环境，还让很多底层妇女有了尝试社会新角色的机会。

龙须沟（第一幕 节选）

——

人　物　赵老头、王大妈、王二春、刘巡长、丁四嫂、丁四爷、丁小妞、程疯子、冯狗子、程娘子、丁二嘎子

时　间　北京解放前，一个初夏的上午，昨夜下过雨。

地　点　北京天桥东边龙须沟地势较高处的一家小茶馆——三元茶馆小杂院。

背　景　北京的龙须沟在解放前是一条臭水沟，周边居住的都是艰难讨生活的底层人民。这些居民饱受国民党、恶霸以及地痞流氓们的迫害。故事就发生在当地一个普普通通的小杂院中。

……

赵　老　我刚才说的对不对？作官的坏！作官的坏，老百姓就没法活下去！大小的买卖、工厂，全教他们接收的给弄趴下啦，就剩下他们自己肥头大耳朵地活着！

二　春　要不穷人怎么越来越多呢！

大　妈　二春，你少说话！

赵　老　别的甭说，就拿咱们这儿这条臭沟说吧，日本人在这儿的时候，咱们捐过钱，为挖沟，沟挖了没有？

二　春　没有！捐的钱也没影儿啦！

大　妈　二春，你过来！（二春走回去）说话小心点！

赵　老　日本人滚蛋了以后，上头说把沟堵死。好嘛，沟一堵死，下点雨，咱们这儿还不成了海？咱们就又捐了钱，说别堵啊，得挖。可是，沟挖了没有？

四　嫂　他妈的，那些钱又教他们给吃了，丫头养的！

大　妈　四嫂，嘴里干净点，这儿有大姑娘！

二　春　他妈的！

大　妈　二春！

赵　老　程疯子常说什么"沟不臭，水又清，国泰民安享太平。"他说得对，他不疯！有了清官，才能有清水。我是泥水匠，我知道：城里头，大官儿在哪儿住，哪儿就修柏油大马路；谁作了官，谁就盖高楼大瓦房。咱们穷人哪，没人管！

巡　长　一点不错！

四　嫂　捐了钱还教人家白白的吃了去！

赵　老　有那群作官的，咱们永远得住在臭沟旁边。他妈的，你就说，全城到处有自来水，就是咱们这儿没有！

大　妈　就别抱怨啦，咱们有井水吃还不念佛？

四　嫂　苦水呀，王大妈！

大　妈　也不太苦，二性子！

二　春　妈，您怎这么会对付呢？

大　妈　你不将就，你想跟你姐姐一样，嫁出去永远不回头！你连一丁点孝心也没有！

赵　老　刘巡长，上两次的钱，可都是您经的手！我问你，那些钱可都上哪儿去了？

巡　长　您问我，我可问谁去呢？反正我一心无愧！（站起来，走到赵老面前）要是我从中赚过一个钱，天上现在有云彩，教我五雷轰顶！人家搂钱，我挨骂，您说我冤枉不冤枉！

赵　老　街坊四邻倒是都知道你的为人，都说你不错！

巡　长　别说了，赵大爷！要不是一家五口累赘着我呀！我早就远走高飞啦，不在这儿受这份窝囊气！

赵　老　我明白，话又说回来，咱们这儿除了官儿，就是恶霸。他们偷，他们抢，他们欺诈，谁也不敢惹他们。前些日子，张巡官一管，肚子上挨了三刀！这成什么天下！

巡　长　他们背后有撑腰的呀，杀了人都没事！

大　妈　别说了，我直打冷战！

赵　老　别遇到我手里！我会跟他们拚！

大　妈　新鞋不踩臭狗屎呀！您到茶馆酒肆去，可千万留点神，别乱说话！

赵　老　你看着，多咱他们欺负到我头上来，我教他们吃不了兜着走。

巡　长　我可真该走啦！今儿个还不定有什么蜡坐呢！（往外走）

四　嫂　（追过去）二嘎子的事，您可给在点心哪！刘巡长。

巡　长　就那么办，四嫂！（下）

四　嫂　我这儿道谢啦！

大　妈　要说人家刘巡长可真不错！

赵　老　这样的人就算难得！可是，也作不出什么事儿来！

四　嫂　他想办出点事来，一个人也办不成呀！

〔丁四无精打采地进来。

四　嫂　嗨！你还回来呀？！

丁　四　你当我爱回来呢！

四　嫂　不爱回来，就再出去！这儿不短你这块料！

〔丁四不语，打着呵欠直向屋子走去。

四　嫂　（把他拦住）拿钱来吧！

丁　四　一回来就要钱哪？

四　嫂　那怎么着？！家里还揭不开锅呢！

丁　四　揭不开锅？我在外边死活你管了吗？

四　嫂　我们娘几个死活谁管呢？甭费话，拿钱来。

丁　四　没钱！

四　嫂　钱哪儿去啦？

丁　四　交了车份。

四　嫂　甭来这一套！你当我不知道呢！不定又跑到哪儿喝酒去了。

丁　四　那你管不着。太爷我自个挣的自个花，你打算怎么着吧！你说！

四　嫂　我打算怎么着？这破家又不是我一个人的！好吧！咱谁也甭管！（说着把活计扔下）

丁　四　你他妈的不管，活该！

四　嫂　怎么着？你一出去一天，回来磅子儿没有，临完了，把钱都喝了猫儿尿！

这段争吵各不相让，却又共同道出了旧社会穷人的辛酸。

> 同为车夫，丁四比《骆驼祥子》中的祥子复杂得多，他可好可坏，忽而明白，忽而糊涂。

丁　四　我告诉你，少管我的闲事！

四　嫂　什么？不管？家里揭不开锅，你可倒好……

丁　四　我不对，我不该回来，太爷我走！

　　　　〔四嫂扯住丁四，丁四抄起门栓来要打四嫂，二春跑过去把门栓抢过来。

赵　老　（大吼）丁四！

　　　　〔丁四被赵老的怒吼声震住，低头不语，往屋门口走。四嫂坐下哭，二春蹲下去劝。

赵　老　这是你们丁家的事，按理说我可不该插嘴，不过咱们爷儿们住街坊，也不是一年半年啦，总算是从小儿看你长大了的，我今儿个可得说几句讨人嫌的话……

丁　四　（颓唐地坐下）赵大爷，您说吧！

赵　老　四嫂，你先别这么哭，听我说。(四嫂止住哭声)你昨儿晚上干什么去啦？你不知道家里还有三口子张着嘴等着你哪？孩子们是你的，你就不惦记着吗？

丁　四　(眼泪汪汪地)不是，赵大爷！我不是不惦记孩子，昨儿个整天的下雨，没什么座儿，挣不着钱！晚上在小摊儿坐着，您猜怎么着，晌午六万一斤的大饼，晚上就十二万啦！好家伙，交完车份儿，就没了钱了。东西一天翻十八个跟头，您不是不知道！

臭沟带来的困扰——下雨导致路途泥泞，拉不到客人就无法挣钱。

赵　老　唉！这个物价呀，就要了咱们穷人的命！可是你有钱没钱也应该回家呀，总不照面儿不是一句话啊！就说为你自个儿想，半夜三更住在外边，够多悬哪！如今晚儿天天半夜里查户口，一个说不对劲儿，轻了把你拉去当壮丁，当炮灰，重了拿你当八路，弄去灌凉水轧杠子，磨成了灰还不知道是怎样死的呢！

丁　四　这我都知道。他妈的我们蹬三轮儿的受的这份气，就甭提了。就拿昨儿个说吧，好容易遇上个座儿，一看，可倒好，是个当兵的。没法子，拉吧，打永定门一直转游到德胜门脸儿，上边淋着，底下蹬着，汗珠子从脑瓜顶儿直流到脚底下。临完，下车一个子儿没给还不算，还差点给我个大脖拐！他妈的，坐完车不给钱，您说是什么人头儿！我刚交了车，一看掉点儿了，我就往家里跑。没几步，就滑了我俩大跟头，您不信瞅瞅这儿，还有伤呢！我一想，这溜儿更过不来啦，怕掉到沟里去，就在刘家小茶馆蹲了半夜。我没睡好，提心吊胆的，怕把我拉走当壮丁去！跟您说吧，有这条臭沟，谁也甭打算好好的活着！

〔四邻的工作声——打铁、风箱、织布声更大了一点。

四　嫂　甭拉不出屎来怨茅房！东交民巷、紫禁城倒不臭不脏，也得有尊驾的份儿呀！你听听，街坊四邻全干活儿，就是你没有正经事儿。

丁　四　我没出去拉车？我天天光闲着来着？

四　嫂　五行八作，就没您这一行！龙须沟这儿的人都讲究有个正经行当！打铁，织布，硝皮子，都成一行；你算哪一行？

丁　四　哼，有这一行，没这一行，蹬上车我可以躲躲这条臭沟！==我是属牛的，不属臭虫，专爱这块臭地！==

赵　老　丁四，四嫂，都少说几句吧……(刘巡长上)怎么，刘巡长……

巡　长　我说今儿个又得坐蜡不是？

四　嫂　刘巡长，什么事呀？

巡　长　唉，没法子，又教我来收捐！

全　体　什么，又收捐！？

巡　长　是啊，您说这教我多为难？

丁　　四　　家家连窝头都混不上呢，还交得起他妈的捐！

巡　　长　　说得是啊！可是上边交派下来，您教我怎么办？

赵　　老　　我问你，今儿个又要收什么捐？

巡　　长　　反正有个"捐"字，您还是养病要紧，不必细问了。捐就是捐，您拿钱，我收了交上去，咱们心里就踏实啦。

赵　　老　　你说说，我听听！

巡　　长　　您老人家一定要知道，跟您说吧！这一回是催卫生捐。

赵　　老　　什么捐？

巡　　长　　卫生捐。

赵　　老　　（狂笑）卫生捐？卫生——捐！（再狂笑）丁四，哪儿是咱们的卫生啊！刘巡长，谁出这样的主意，我龠他的八辈祖宗！（丁四搀他入室）

巡　　长　　唉！我有什么办法呢？

大　　妈　　您可别见怪他老人家呀！刘巡长！要是不发烧，他不会这么乱骂人！

二　　春　　妈，你怎这么怕事呢？看看咱们这个地方，是有个干净的厕所，还是有条干净的道儿？谁都不管咱们，咱们凭什么交卫生捐呢？

大　　妈　　我的小姑奶奶，你少说话！巡长，您多担待，她小孩子，不懂事！

巡　长　王大妈，唉，我也是这儿的人！你们受什么罪，我受什么罪！别的就不用说了！

（要走）

大　妈　不喝碗茶呀？真，您办的是官事，不容易！

巡　长　官事，对，官事！哈哈！

四　嫂　大估摸一家得出多少钱呢？

丁　四　（由赵老屋中出来）你必得问清楚，你有上捐的瘾！

四　嫂　你没有那个瘾，交不上捐你去坐监牢，德行！

丁　四　刘巡长，您对上头去说吧，给我修好了路，修好了沟，我上捐。不给我修啊，哼，我没法拉车，也就没钱上捐；要命有命，就是没钱！

巡　长　四爷，您是谁？我是谁？能跟上头说话？

大　妈　丁四，你就别为难巡长了吧！当这份差事，不容易！

〔程疯子与小妞抬着水桶，进来。

疯　子　借借光，水来了！刘巡长，您可好哇？

巡　长　疯哥你好？

〔大妈把缸盖连菜刀,搬到自己坐的小板凳上,二春接过桶去,和大妈抬着往缸里倒,疯子也想过去帮忙。

丁　四　喝,两个人才弄半桶水来?

小　妞　疯大爷晃晃悠悠,要摔七百五十个跟头,水全洒出去啦!

二　春　没有自来水,可要卫生捐!

巡　长　我又不是自来水公司,我的姑娘!再见吧!(下)

丁　四　(对程疯子)看你的大褂,下边成了泥饼子啦!

疯　子　黑泥点儿,白大褂儿,看着好像一张画儿。(坐下,抠大衫上的泥)

丁　四　凭这个,咱们也得上卫生捐!

四　嫂　上捐不上捐吧,你该出去奔奔,午饭还没辙哪!

丁　四　小茶馆房檐底下,我蹲了半夜,难道就不得睡会儿吗?

四　嫂　那,我问你今儿个吃什么呢?

丁　四　你问我,我问谁去?

大　妈　别着急,老天爷饿不死瞎家雀儿!要不然这么着吧,先打我这儿拿点杂合面去,对付过今儿个,教丁四歇歇,明儿蹚进钱来再还我。

丁　四　王大妈,这合适吗?

大　妈　这算得了什么!你再还给我呀!快睡觉去吧!(推丁四下)

〔丁四低头入室。二春早已跑进屋去,端出一小盆杂合面来,往丁四屋里送，四嫂跟进去。

二　春　四嫂，搁那儿呀？

四　嫂　（感激地）哎哟，二妹妹，交给我吧！（下）

〔二嘎子跑进来，双手捧着个小玻璃缸。

二　嘎　妞子，小妞，快来！看！

小　妞　（跑过来）哟，两条小金鱼！给我！给我！

二　嘎　是给你的！你不是从过年的时候，就嚷嚷着要小金鱼吗？

小　妞　（捧起缸儿来）真好！哥，你真好！疯大爷，来看哪！两条！两条！

疯　子　（像小孩似的，蹲下看鱼。学北京卖金鱼的吆喝）卖大小——小金鱼儿咧！

侧面展现了当年当曲艺艺人的功力。

四　嫂　（上）二嘎子，你一清早就跑出去，是怎回事？说！

- 60 -

二　嘎　我……

四　嫂　金鱼是哪儿来的？

二　嘎　卖鱼的徐六给我的。

四　嫂　他为什么那么爱你呢？不单给鱼，还给小缸！瞧你多有人缘哪！你给我说实话！我们穷，我们脏，我们可不偷！说实话，要不然我揍死你！

丁　四　（在屋内）二嘎子偷东西啦？我来揍他！

四　嫂　你甭管！我会揍他！二嘎子，把鱼给人家送回去！你要是不去，等你爸爸揍上你，可够你受的！去！

小　妞　（要哭）妈，我好容易有了这么两条小鱼！

二　春　四嫂，咱们这儿除了苍蝇，就是蚊子，小妞子好容易有了两条小鱼，让她养着吧！

四　嫂　我可也不能惯着孩子作贼呀！

疯　子　（解大衫）二嘎子，说实话，我替你挨打跟挨骂！

二　嘎　徐六教我给看着鱼挑子，我就拿了这个小缸，为妹妹拿的，她没有一个玩艺儿！

疯　子　（脱下大衫）拿我的大褂还徐六去！

四　嫂　那怎么能呢？两条小鱼儿也没有那么贵呀！

疯　子　只要小妞不落泪，管什么金鱼贵不贵！

二　春　（急忙过来）疯哥，穿上大褂！（把两张票子给二嘎）二嘎子，

- 61 -

快跑，给徐六送去。

〔二嘎接钱飞跑而去。

四　嫂　你快回来！

〔天渐阴。

四　嫂　二妹妹，哪有这么办的呢！小妞子，还不过去谢谢王奶奶跟二姑姑哪！

小　妞　（捧着缸儿走过去）奶奶，二姑姑，道谢啦！

大　妈　好好养着哟，别教野猫吃了哟！

小　妞　（把缸儿交给疯子）疯大爷，你给我看着，我到金鱼池，弄点闸草来！红鱼，绿闸草，多么好看哪！

四　嫂　一个人不能去，看掉在沟里头！ 是一语成谶(chèn)！

〔四嫂刚追到大门口，妞子已跑远。狗子由另一个地痞领着走来，那个地痞指指门口，狗子大模大样走进来。另个地痞下。

四　嫂　嗨，你找谁？

狗　子　你姓什么？

四　嫂　我姓丁。找谁？说话！别满院子胡蹓跶！

狗　子　姓程的住哪屋？

二　春　你找姓程的有什么事？

大　妈　少多嘴。（说着想往屋里推二春）

狗　子　小丫头片子，你少问！

二　春　问问怎么了？

大　妈　我的小姑奶奶，给我进去！

二　春　我凭什么进去呀？看他把我怎么样！（大妈已经把二春推进屋中，关门，两手紧把着门口）

狗　子　（一转身看见疯子）那是姓程的不是？

四　嫂　他是个疯子，你找他干什么？

大　妈　是啊，他是个疯子。旧社会把人逼疯了。

狗　子　（与大妈同时）他妈的老娘儿们少管闲事！（向疯子）小子，你过来！

二　春　你别欺负人！

大　妈　（向屋内的二春）我的姑奶奶，别给我惹事啦！

四　嫂　他疯疯癫癫的，你有话跟我说好啦。

狗　子　（向四嫂）你这娘们再多嘴，我可揍扁了你！

四　嫂　（搭讪着后退）看你还怪不错的呢！

疯　子　（为了给四嫂解除威胁，自动地走过来）我姓程，您哪，有什话您朝着我说吧！

狗　子　小子，你听着，我现在要替黑旋风大太爷管教管教你。不管他妈的是你，是你的女人，还是你的街坊四邻，都应当记住：你们上晓市作生意，要有黑旋风大太爷的人拿你们的东西，就是赏你们脸。今天，我姓冯的，冯狗子，赏给你女人脸，拿两包烟卷，她就喊巡警，不知死的鬼！我不跟她打交道，她是个不禁揍的老娘们；我来管教管教你！

娘　子　（挎着被狗子踢坏了的烟摊子，气愤，忍泪，低着头回来。刚到门口，看见狗子正发威）冯狗子！你可别赶尽杀绝呀！你硬抢硬夺，踢了我的摊子不算，还赶上门来欺负人！

〔四嫂接过娘子的破摊子，娘子向狗子奔去。

狗　子　（放开疯子，慢慢一步一步紧逼娘子）踢了你的摊子是好的，惹急了咱爷儿们，教你出不去大门！

娘　子　（理直气壮地，但是被逼得往后退）你讲理不讲理？你凭什么这么霸道？走，咱们还是找巡警去！

狗　子　（示威）好男不跟女斗。（转向疯子）小子，我管教管教你！

（狠狠地打疯子几个嘴巴，打的顺口流血）

〔疯子老实地挨打，在流泪；娘子怒火冲天，不顾一切地冲向狗子拚命，却被狗子一把抓住。

〔二春正由屋内冲出，要打狗子，大妈惊慌地来拉二春，四嫂

想救娘子又不敢上前。

赵　老　（由屋里气得颤巍巍地出来）娘子，四奶奶，躲开！我来斗斗他！打人，还打个连苍蝇都不肯得罪的人，要造反吗？（拿起大妈的切菜刀）

急公好义的赵大爷一直是小杂院的重要支柱。

狗　子　老梆子你管他妈的什么闲事，你身上也痒痒吗？

大　妈　（看赵老拿起她的切菜刀来）二嘎的妈！娘子！拦住赵大爷，他拿着刀哪！

赵　老　我宰了这个王八蛋！

娘　子　宰他！宰他！

二　春　宰他！宰他！

- 65 -

四　嫂　（拉着娘子，截住赵老）丁四，快出来，动刀啦！

大　妈　（对冯狗子）还不走吗？他真拿着刀呢！

狗　子　（见势不佳）搁着你的，放着我的，咱们走对了劲儿再瞧。（下）

二　春　你敢他妈的再来！

丁　四　（揉着眼出来）怎回事？怎回事？

四　嫂　把刀抢过来！

丁　四　（过去把刀夺过来）赵大爷，怎么动刀呢！

大　妈　（急切地）赵大爷！赵大爷！您这是怎么嘹？怎么得罪黑旋风的人呢？巡官、巡长，还让他们扎死呢，咱们就惹得起他们啦？这可怎么好呕！

赵　老　欺负到程疯子头上来，我受不了！我早就想斗斗他们，龙须沟不能老是他们的天下！

大　妈　娘子，给疯子擦擦血，换件衣裳！赶紧走，躲躲去。冯狗子调了人来，还了得！丁四，陪着赵大爷也躲躲去，这场祸惹得不小！

娘　子　我骂疯子，可以；别人欺负他，可不行！我等着冯狗子……

大　妈　别说了，还是快走吧！

赵　老　我不走！我拿刀等着他们！咱们老实，才会有恶霸！咱们敢动刀，恶霸就夹起尾巴跑！我不发烧了，这不是胡话。

大　妈　看在我的脸上，你躲躲！我怕打架！他们人多，不好惹！

打起来，准得有死有活！

赵老　我不走，他们不会来！我走，他们准来！

丁四　您的话说对了！我还睡我的去！（入室）

娘子　疯子，要死死在一块，我不走！

大妈　这可怎么好呕！怎么好呕！

二春　妈，您怎这么胆小呢！

大妈　你大胆儿！你不知道他们多么厉害！

疯子　（悲声地）王大妈，丁四嫂，说来说去都是我不好！（颓丧地坐下）想当初，我在城里头作艺，不肯低三下四地侍候有势力的人，教人家打了一顿，不能再在城里登台。我到天桥来下地，不肯给胳臂钱，又教恶霸打个半死，把我扔在天坛根。我缓醒过来，就没离开这龙须沟！

娘子　别紧自伤心啦！

二春　让他说说，心里好痛快点呀！

疯子　我是好人，二姑娘，好人要是没力气啊，就成了受气包儿！打人是不对的，老老实实地挨打也不对！可是，我只能老老实实地挨打……哼，我不想作事吗？老教娘子一个人去受累，成什么话呢！

娘子　（感动）别说啦！别说啦！

疯子　可是我没力气，作小工子活，不行；我只是个半疯子！（要

- 67 -

犯疯病）对，我走！走！打不过他们，我会躲！

〔二嘎子跑进来，截住疯子。

二　嘎　妈，我把钱交给了徐六，他没说什么。妈，远处又打闪哪！又要下雨！

娘　子　（拉住疯子）别再给我添麻烦吧，疯子！

四　嫂　（看看天，天已阴）唉，老天爷，可怜可怜穷人，别再下雨吧！屋子里，院子里，全是湿的，全是脏水，教我往哪儿藏，哪儿躲呢！有雷，去霹那些恶霸；有雨，往田里下；别折磨我们这儿的穷人了吧！

〔隐隐有雷声。

疯　子　（呆立看天）上哪儿去呢？天下可哪有我的去处呢？

〔雷响。

娘　子　快往屋里抢东西吧！

〔大家都往屋里抢东西，乱成一团，暴雨下来。

〔巡长跑上。

巡　长　了不得啦！妞子掉在沟里啦！

众　人　妞子……（争着往外跑）

四　嫂　（狂喊）妞子！（跑下）

——狂风大雨中幕徐闭

相声天才

相声天才

人们只知道老舍先生是位作家，却不知道他还有说相声的"天赋"。

他从小就很喜欢八角鼓，对于从八角鼓衍生出来的相声，他也很感兴趣。

小庆春，又来书馆听评书吗？

嗯！太有意思啦！

相声天才

长大以后——

老舍先生，没想到你这么喜欢曲艺啊？

那当然！等下班后我请你喝茶，我们好好聊聊！

哈哈，他都已经是半个相声演员咯！

没错，搞不好真有那么一天呢！

您老跟我们这帮说相声的混到一起，是要抢我们的饭碗不成？

呵呵，我这《中秋月饼》就是用来讽刺日军暴行的！

抗战爆发后，老舍任中华全国文艺界抗敌协会常务理事，创作了不少相声作品。

相声天才

在一次文艺界同仁联谊晚会上——

"老舍先生,现在相声演员少啊,您能兼职演出吗?"

"没问题啊!"

"来一个!"

"来一个!"

"老舍先生说段相声吧!"

"我缺个搭档,咱俩都是北京人,要不来一段儿?"

欧少久(相声演员)

相声天才

两位演员从未合作过，只能是随机应变，临时"现挂"。

坐着怎么走啊？

咱俩来个对春联吧！我的上联是——坐着走。

今天老舍先生来我们这里参加联谊会，一会儿我给您雇一辆车，您"坐着走"。

相声天才

明明都起来了，还怎么睡呢？

哦，是这么个"坐着走"啊，那我明白了，我也来个下联吧——起来睡。

是啊，这是怎么回事呢？

别急，你先听我说——有一次我回去晚了，深夜才到家……

相声天才

家里人左等右等不见我，就先睡下了。等我回来的时候呢——

啊？发生了什么……

我回来了，都起来吧，"起来睡"！

老舍当时创作的很多作品直到二十世纪八十年代才浮出水面——

不敢相信啊，老舍先生居然是位相声天才！

是啊，真没想到这是老舍先生的段子！

原来是这么个"起来睡"，真是太幽默了！

龙须沟（第三幕 节选）

第二场

人　　物　王大妈、王二春、丁四嫂、丁四爷、丁二嘎子、程疯子、程娘子、
　　　　　赵老头

时　　间　1950年夏末。龙须沟的新沟落成，修了马路。

地　　点　同第一幕小杂院。

前　　情　解放之后，龙须沟发生了翻天覆地的变化，恶霸流氓黑旋风和
　　　　　冯狗子被法办。而龙须沟经过治理，再也不是臭气哄哄的烂水
　　　　　沟，这里的人民迎来了充满希望的生活。

布　　景　杂院已经十分清洁，破墙修补好了，垃圾清除净尽了，花架子
　　　　　上爬满了红的紫的牵牛花。赵老的门前，水缸上，摆着鲜花。
　　　　　丁四的窗下也添了一口新缸。==满院子被阳光照耀着。==

〔幕启：王大妈正坐在自己门前一个小板凳上，给二春缝着花

小杂院中的清爽洁净和生机勃勃，正反映了新中国成立后给老百姓带来的重生和希望。

> pō luo，用柳条或篾条等编成的器物，帮儿较浅，有圆形的，也有略呈长方形的，用来盛放粮食、生活用品等。

布短褂，地上摆着一个针线笸箩。四嫂从屋里出来，端详自己的打扮，特别是自己的新鞋新袜子。

大　妈　（看四嫂出来，向她发牢骚）四嫂哇！您看二春这个丫头，今儿个也不是又上哪儿疯去了！我这儿给她赶件小褂，连穿上试试的工夫都抓不着她！

> 既表现对女儿的不满，又有对她的疼爱。

四　嫂　她忙啊！今天咱们门口的暗沟完工，也不是要开什么大会，就是办喜事的意思。她说啦，您、我、娘子都得去；要不怎么我换上新鞋新袜子呢！您看，这双鞋还真抱脚儿，肥瘦儿都合适！

> 浓郁的京味儿

大　妈　我可不去开会！人家说什么，我老听不懂。

四　嫂　也没什么难懂的。反正说的都离不开修沟，修沟反正是好事，好事反正就得拍巴掌，拍巴掌反正不会有错儿，是不是？老太太！ *快言快语，对新政府充满感激之情。*

大　妈　哼，你也跟二春差不多了，为修沟的事，一天到晚乐得并不上嘴儿！

四　嫂　是值得乐嘛！您看，以前大伙儿劝丁四找点正事作，谁也劝不动他。一修沟，好，沟把他劝动了！ *旧社会受害、受穷而消沉，新中国成立后焕发了生活激情。*

大　妈　臭沟几儿个跟他说话来着？

四　嫂　比方说呀，这是个比方，沟仿佛老在那儿说：我臭，你敢把我怎样了？我淹死你的孩子，你敢把我怎样了？政府一修沟啊，丁四可仿佛也说了话：你臭，你淹死我的孩子？我填平了你个兔崽子！就是这么一回事。

〔娘子提着篮子回来。

四　嫂　娘子，怎这么早就收了？ *扬眉吐气，由衷的喜悦。*

娘　子　不是要开大会吗？百年不遇的事，我歇半天工，好开会去。喝，四嫂子，您都打扮好了？我也得换上件干净大褂儿。这，好比说，就是给龙须沟作生日；新沟完了工，老沟玩了完！

大　妈　什么事儿呀，都是眼见为真，老沟还敞着盖儿，没填上哪！

娘　子　那还能不填上吗？留着它干什么呀？老太太，对街面儿上

接受新事物慢，对修沟有疑虑。

的事您太不积极啦！

大　妈　什么鸡极鸭极的，反正我沉得住气，不乱捧场，不多招事。

四　嫂　我知道您为什么老不高兴，就是为二姑娘的婚事。您心里有这点委屈别扭，就看什么也不顺眼，是吧？

大　妈　按说，我不应当因为自己的别扭，就拦住你们的高兴！是啊，你们应该高兴。你就说，连疯哥都有了事作，谁想得到啊！

娘　子　大妈，您别提疯子，他要把我气死！

大妈／四嫂　怎么？

娘　子　自从他得着这点美差，看自来水，夜里他不定叫醒我多少遍。一会儿，娘子，鸡还没打鸣儿哪？

大　妈　他可真鸡极呀！

娘　子　待一会儿，娘子，还没天亮哪？这家伙，看看自来水，倒仿佛作了军机大臣，唯恐怕误了上朝！

四　嫂　娘子，可也别说，他要不是一个心眼：说干就真干，为什么单派他看自来水呢？我看哪，他手不能提篮，肩不能担担，这个事儿交给他顶合适啦！

娘　子　是呀，无论怎么说吧，他总算有了点事作；好歹的大伙儿不再说他是废物点心，我的心里总痛快点儿！要是夜里他不闹，不就更好了吗？

> 对于丈夫流露出的劳动者的自豪感表示由衷的喜悦。
> 修沟影响了人们的精神面貌，反映了老百姓对于人民政府的感激之情。

四　嫂　哪能那么十全十美呢？这就不错！我的那口子不也是那样吗？在外边，人家不再喊他丁四，都称呼他丁师傅，或是丁头儿；你看，他乐得并不上嘴儿；==回到家来，他的神气可足了去啦，吹胡子瞪眼睛的，瞧他那个劲儿！==

娘　子　可也别说呀，他这路工人可有活儿干啦！净说咱们这一带，到永定门去的大沟，东晓市的大沟，就还够作好几个月的。共产党啊，是真行！听说，三海、后海、什刹海，连九城的护城河，都给挖啊！还垒上石头坝。以后还要挨着班儿地修马路呢。四哥还愁没事儿作？二嘎子更有出息啦，进工厂当小工子，还外带着念书，赶明儿要是好好的干，说不定长大了还当厂长呢！

四　嫂　唉！慢慢地熬着吧，横是离好日子不远啦！哟！二嘎子那件小褂儿还没上领子呢！（进屋取活计）

〔程疯子自外面唱着走来。

> 旧社会把人逼"疯"，新社会把"疯子"变成人。

疯　子　(我的水，甜又美，喝下去肚子不闹鬼。)我的水，美又甜，一挑儿才卖您五十元。

娘　子　瞧这个疯劲儿！大妈！您坐着，我进去换衣裳。（下）

疯　子　（进来，还唱）沏茶喝，甜又香，不像先前沏出茶来绸嘟嘟的像面汤。洗衣裳，跟洗脸，滑滑溜溜又省胰子又省硷。

四　嫂　（取了活计出来，缝着衣服）疯哥，你不看着水，干吗回来啦？

疯　子　大妈、四嫂,我回来研究那段数来宝,好到大会去唱!二嘎子替我看着水呢。他现在识文断字,比我办事还精明呢!

四　嫂　哼,你们这一对儿够多么漂亮啊! 讽刺!

疯　子　四嫂,别小看我们俩,坐在一块儿我们就讨论问题!

四　嫂　就凭你们俩? 怀疑。

疯　子　您听着呀!刚才,我说,二嘎子,你看,现在咱们这儿有新沟老沟两条沟,一前一后夹住了咱们的院子。新沟是暗沟,管子已经都安好,完了工啦;上面修成了一条平平正正的马路。二嘎子说:赶明儿个,旧沟又哐嚓哐嚓地一填,(kuǎ)填平了,又修成一条马路。我就说,咱们房前房后,这么一来,就有两条马路。马路都修好,我问二嘎子,该怎么办了？四嫂，二嘎子真聪明；他说：该种树！他问我：疯大爷，种什么树？我说：柳树，垂杨柳，多么美呀！二嘎子说：呸！

四　嫂　你看这孩子！

疯　子　他说，得种桃树，到时候可以吃大蜜桃啊！您瞧，二嘎子多么聪明！

娘　子　（在屋中）别说啦，快来编词儿吧！

疯　子　赶趟，等我说完最要紧的一段儿。四嫂，我跟二嘎子又研究出来：{咱们这儿，还得来个公园。二嘎子提议：把金鱼池改作公园，周围种上树，还有游泳池，修上几座亭子，够多么好啊！}

这段对未来的讨论，表明了他们热爱党和新生活，以及他们对美好未来的追求。

娘　子　（出来，换上新衫）别在这儿作梦啦！

四　嫂　也不都是梦。谁想到咱们门口会有了马路，会有了干干净净的厕所，会有了自来水？谁能说这儿就不该有个公园呢！

疯　子　四嫂言之有理！如此，大妈、四嫂、娘子，我就暂且失陪了！

（以上均用京剧话白的腔调，走入屋中）

赞扬。

四　嫂　也难怪孩子们爱他，他可真婆婆妈妈的有个趣儿！

娘　子　就别夸他了，跟小孩子一样，越夸越发疯！

〔丁四夹着一身新蓝布裤褂，欢欢喜喜地进来。

丁　四　王大妈，娘子，看新衣裳呕！

〔她们都围上来。大妈以手揉布，看布质好坏；娘子看裤子的长短；四嫂看针线细不细。

丁　四　（看见了四嫂的新鞋新袜）哼，打下面看哪，还不认识你了呢！

四　嫂　别耍骨头！（提着裆子）穿上，看看长短。*间接地夸赞了四嫂。*

丁　四　（穿）怎样？

娘　子　挺好！挺合身儿！

大　妈　就怕呀，一下水得抽一大块！

丁　四　大妈！您专会说吉祥话儿！

大　妈　不是呀！你们男人要是都会买东西，要我们女人干什么呢？

四　嫂　得啦，管它抽多少呢，反正今天先穿个新鲜劲儿！

大　妈　别怪我说，那可不是过日子的道理呀！你就该去买布，咱们大伙儿给他缝缝；那，一身能当两身穿！

丁　四　可是大妈，您可也有猜不到的事儿。刚才呀，卖衣裳的一张嘴，就要四万五，不打价儿。

娘　子　现在买什么都是言无二价。

丁　四　我把衣裳撂下，跟他聊天。喝，我撒开了一吹：我买这身儿为的是去开大会；我修的沟，我能不去参加落成典礼吗？我又一说：怎么大夏天的，上边晒得流油，下边踩着黑泥，旁边老沟冒着臭气，苍蝇、蚊子落在身上就叮，臭汗一直流到鞋底子上！<u>我还没说完哪，您猜怎么着，他把衣裳塞在我手里，说：拿去，给我四万块钱！</u>不赔五千，赶明儿你填老沟的时候，把我一块儿埋进去！大妈，您想得到这一招吗？

大　妈　哟，那可太便宜了，我也买一身去！

丁　四　大妈，您修过沟吗？

大　妈　对！我再去修沟就更像样儿了！不理你们了，简直地说不到一块儿！（回去作活）

〔二春襟前挂着红绸条——联络员。头上也扎着绸条，从外跑进来。

二　春　四哥，还不快去，你们集合啦！

丁　四　我换上裤子就走！（跑进屋去）

大　妈　二春快来试试衣裳！

（提着花短褂给二春穿）

二　春　（试着衣裳）妈，今儿个可热闹了，市长、市委书记还来哪！妈，您去不去呀？

大　妈　不去，我看家！

二　春　还是这样不是？用不着您看家，待会儿有警察来照应着这条街，去，换上新衣裳去！教市长看看您！

娘　子　您就去吧，老太太！龙须沟不会天天有这样的热闹事。

四　嫂　您去！我保驾！

大　妈　好吧！我去！（入室）

四　嫂　戴上您那朵小红石榴花儿！

二　春　娘子，四嫂，得预备一下呀，待一会儿还有报馆的人来访问咱们，也许给咱们照像呢！娘子，人家要问你，对修沟有什么感想，你说什么？

娘　子　什么叫感想啊？

大　妈　（在屋门内）你就别赶碌她啦！越赶她越想不起来啦！

表现了这位思想进步的女青年对新事物的热爱和新沟落成后的喜悦之感。

二　春　感想啊，大概就是有什么想头儿。

〔丁四从屋中跑出来。

丁　四　会场上见啦！（跑出去，高兴地唱着解放区的天……）

娘　子　这么说行不行？一修沟啊，连我的疯爷们都有了事作，我感激政府！

二　春　行！你呢，四嫂？

四　嫂　要问我，我就说：政府要老这么作事呀，龙须沟就快成了大花园啦！可有一样，成了花园，也得让咱们住着！

二　春　别看四嫂，还真能说两句儿呢！你放心，沟臭的时候是咱们住，香的时候也是咱们住！妈！妈！

大　妈　别催我！（出来）这样行了吧？（指衣服）

二　春　（端详妈妈）行啦！人家要问您，您说什么呀？

大　妈　我——

二　春　说什么呀？

大　妈　沟修好了，我可以接姑奶奶啦！

〔大家哈哈大笑。

二　春　您就是这一句呀？

大　妈　见了生人，说不出话来！（突然想起）二春，我可不照像，照一回丢一回魂儿！

二　春　妈，您可真会出故典！

娘　子　我替您，我不怕丢魂儿，把我照了去，也教各处的人见识见识，北京城有个程娘子！我又有了个主意，咱们大家伙儿应当凑点钱，立一块碑，刻上：以前这儿是臭沟，人民政府把它修成了大道！

二　春　这可是好意见，我得告诉赵大爷。咱们得凑钱立这块碑！

四　嫂　对！也教后代子孙知道知道。要凑钱，我捐一斤小米儿！

〔远处有腰鼓声。

二　春　腰鼓队出来了！咱们走吧！

〔二嘎子手执小红旗子飞跑而来。

二　嘎　报！赵队长爷爷到！摆队相迎！

〔赵老穿着新衣，胸前佩红绸条，昂然地进来。

二　春　瞧赵大爷哟！简直像总指挥！

赵　老　（笑）小丫头片子！

二　春　赵大爷，您可得预备好了哟，新闻记者一定会访问您！

赵　老　还用你嘱咐，前三天我就预备好喽！

二　春　好，我当记者：（摹拟）您对修沟有什么感想？

赵　老　简单地说，还是详细地说？

二　春　（摹拟）请简单地说吧！

赵　老　这叫<mark>五福临门</mark>！

二　春　哪五福呢？

— 88 —

赵　老　我们的门前修了暗沟，院后要填平老明沟，一福。前前后后都修上大马路，二福。我们有了自来水，三福。将来，这里成了手工业区，大家有活作，有饭吃，四福。赶明儿个金鱼池改为公园，作完了活儿有个散逛散逛的地方，五福！

二春/四嫂/娘子/大妈　（与赵老同时）五福！

〔附近邻居，都象院里人一样，换了新衣服，去开会。正经过大门口。一位警察跑进门来，招呼大家。群众有的等在大门外，也有走进院里来的。

〔远处军乐声，腰鼓声。

警　察　开会去喽！快到时候啦！

〔大妈返身要锁自己的房门，四嫂、娘子赶去拦大妈。正拉着她要往外走，疯子由屋中跑出，手里拿着竹板。

疯　子　诸位别忙，先等等儿，我这儿编出来个新词儿，先给你们唱唱试试！

众　人　赞成！唱，唱！

疯　子　听着啊——给诸位，道大喜，人民政府了不起！了不起，修臭沟，上手儿先给咱们穷人修。请诸位，想周全，东单、西四、鼓楼前；还有那，先农坛，五坛八庙、颐和园；要讲修，都得修，为什么先管龙须沟？都只为，这儿脏，这儿臭，政府看着心里真难受！好政府，爱穷人，教咱们干干净净

（手写批注：道出了龙须沟居民以及作者和劳苦大众的心声——只有共产党才能给人民带来幸福的生活。）

大翻身。修了沟,又修路,好教咱们挺着腰板儿迈大步;迈大步,笑嘻嘻,劳动人民努力又心齐。==齐努力,多作工,国泰民安享太平!==

众　人　(跟疯子齐声喊)享太平!

〔外边,远处近处都是一片欢呼声:"毛主席万岁!"

〔大家随着欢呼声音涌出小院,外边会场上的军乐声起,幕在《青年进行曲》声音中徐徐落下。

全剧的高潮部分,同时也通过
程疯子将曲艺介绍到话剧中来,
增加一些具有民族特色的艺术形式。

——全剧终